Contents

Ty i ja
You and Me

klatka piersiowa
chest

noga
leg

stopa
foot

palec
toe

łokieć
elbow

plecy
back

pupa
bottom

palec
finger

brzuch
tummy

kolano
knee

ręka
hand

włosy
hair

ręka
arm

głowa
head

ramiona
shoulders

First
Polish Words

Illustrated by David Melling

OXFORD
UNIVERSITY PRESS

OXFORD
UNIVERSITY PRESS

Great Clarendon Street, Oxford OX2 6DP

Oxford is a registered trade mark of Oxford University Press
in the UK and in certain other countries

Database right Oxford University Press (maker)

First published as First Book of Words 1999
First published as First Polish Words 2009

Text copyright © Oxford University Press 1999
Illustrations © David Melling 1999

English words compiled by Neil Morris
Polish translation by Aleksandra Surdeko
All rights reserved.

British Library Cataloguing in Publication Data available

ISBN: 978-019-911715-4

1 3 5 7 9 10 8 6 4 2

Paper used in the production of this book is a natural,
recyclable product made from wood grown in sustainable forests.
The manufacturing process conforms to the environmental
regulations of the country of origin.

Printed in Singapore

All efforts have been made to ensure that these translations are
accurate and appropriate. If you have any further language queries,
please visit our website at www.askoxford.com.

For Bosiljka, Branko and Igor Sunajko.

.M.

Alfabet polski
The Polish Alphabet

letter	e.g.	as (in)
Aa	samolot	cup
ą	książka	a nasal vowel as in French "gant"
Bb	brama; chleb	b; p at the end of a word
Cc	palec	ts
Ćć	łokieć	ch - a soft, high sound
Dd	dach	d; t at the end of a word
Ee	sklep	e
ę	ręka	a nasal "e"
Ff	flamaster	f
Gg	głowa	g; k at the end of a word
Hh	huśtawka	Scottish pronunciation of loch
Ii	miska; pies	ee; like y before a vowel
Jj	jogurt; czajnik; klej	y
Kk	kot	k
Ll	liść	l
Łł	łóżko	w
Mm	mgła	m
Nn	noga	n
ń	pomarańczowy; koń	ny
Oo	okno	o
Óó	nóż	oo
Pp	pralka	p
Rr	robot	rolled r
Ss	słoń	s

letter	e.g.	as (in)
Śś	ślimak	sh – a soft, high sound
Tt	talerz	t
Uu	kuchenka	oo
Ww	widelec; zestaw	v; f at the end of a word
Yy	brudny	i – a dark sound a little like in "mill"
Zz	prezent	z; s at the end of a word
Źź	[no examples in this book]	like pleasure but softer and higher
Żż	żółty; garaż	pleasure; sh (hard and low) at the end of a word

Important letter combinations

ch	ucho	Scottish pronunciation of loch
cz	czerwony	ch – a hard, low sound
rz	brzuch; twarz	pleasure; sh (hard and low) at the end of a word
sz	szyja	sh – a hard, low sound
ci	ciasteczko	like ć (= ch – soft and high)
si	siano	like ś (= sh – soft and high)
zi	zielony	like ź (like pleasure but softer and higher)
ść/ści	kość; wyścigowy	shch – soft and high

Polish words are almost always stressed on the second
last syllable.

twarz
face

policzek
cheek

ucho
ear

oko
eye

podbródek
chin

usta
mouth

zęby
teeth

język
tongue

szyja
neck

nos
nose

dziewczynka
girl

chłopiec
boy

W domu
At Home

dach
roof

śmietnik
dustbin/
(US) trashcan

brama
gate

schody
stairs

komin
chimney

płot
fence

garaż
garage

okno
window

drzwi
door

pies
dog

kot
cat

królik
rabbit

pająk
spider

ślimak
snail

listy
letters

torba pocztowa
postbag

liść
leaf

kwiat
flower

drzewo
tree

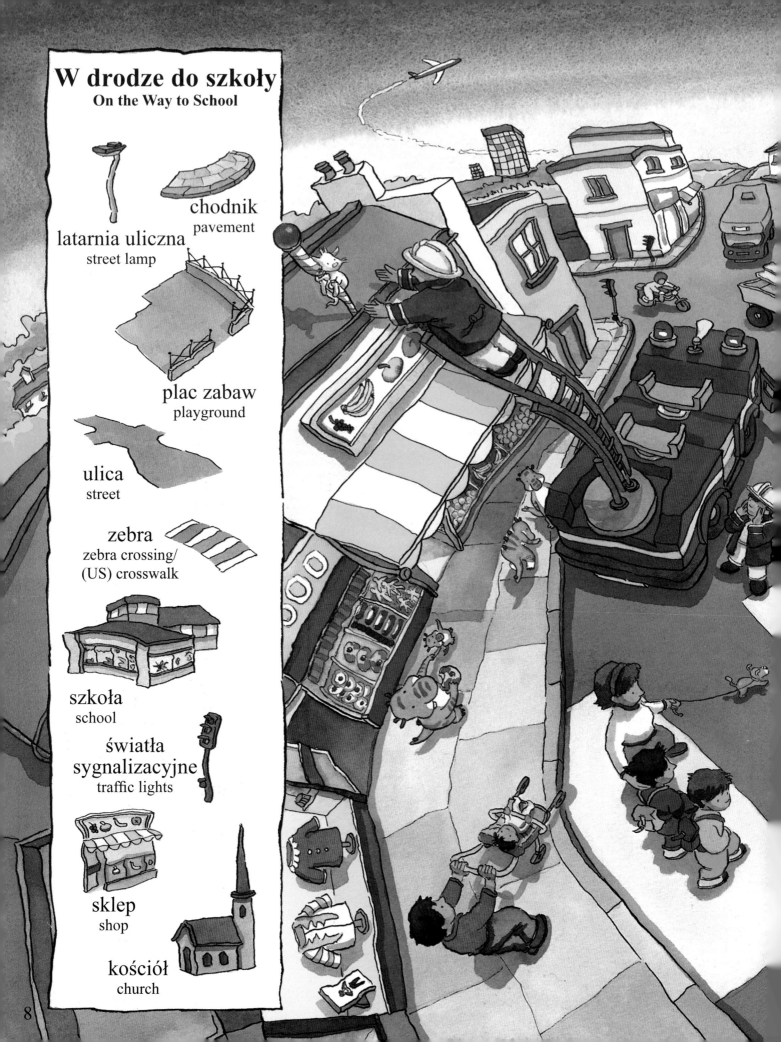

W drodze do szkoły
On the Way to School

chodnik
pavement

latarnia uliczna
street lamp

plac zabaw
playground

ulica
street

zebra
zebra crossing/
(US) crosswalk

szkoła
school

**światła
sygnalizacyjne**
traffic lights

sklep
shop

kościół
church

8

rower
bicycle

samochód
car

autobus
bus

motocykl
motorbike

wóz strażacki
fire engine

ciężarówka
truck

helikopter
helicopter

karetka
pogotowia
ambulance

samolot
plane

Nasza klasa
Our Classroom

plecak szkolny
school bag

książka
book

pojemnik na kanapki
lunch box

tablica
blackboard

kreda
chalk

globus
globe

ławka
desk

magnes
magnet

kosz na śmieci
bin

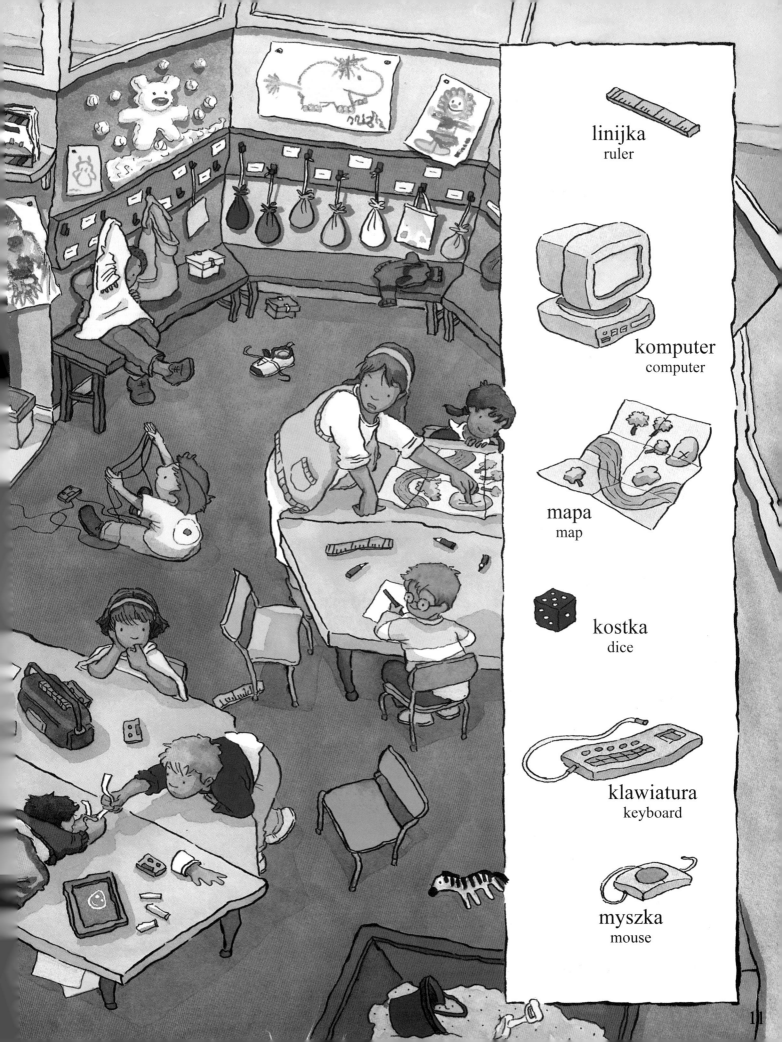

linijka
ruler

komputer
computer

mapa
map

kostka
dice

klawiatura
keyboard

myszka
mouse

Zabawa z kolorami
Fun with Colours

czarny
black

niebieski
blue

brązowy
brown

zielony
green

szary
grey

pomarańczowy
orange

różowy
pink

fioletowy
purple

czerwony
red

biały
white

żółty
yellow

12

fartuszek
overalls

klej
glue

obrazek
painting

pędzel
paintbrush

farby
paints

ołówek
pencil

papier
paper

nożyczki
scissors

flamaster
felt-tip pen

sztaluga
easel

Zawody
Jobs

listonosz
postman

budowniczy
builder

lekarz
doctor

policjant
police officer

weterynarz
vet

piłkarz
footballer

strażak
firefighter

kierowca autobusowy
bus driver

maszynista
train driver

gwiazda pop
pop star

pilot
pilot

tancerka
dancer

nurek
diver

kucharz
cook

astronauta
astronaut

ratownik
lifeguard

15

Dawno temu
Long Time Ago

dinozaury
dinosaurs
200 milionów lat temu
200 million years ago

tyranozaur
Tyrannosaurus Rex

stegozaur
Stegosaurus

diplodok
Diplodocus

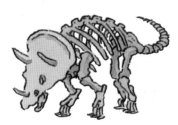

szkielet tryceratopsa
Triceratops skeleton

skamielina
fossil

kość
bone

Człowiek epoki kamienia
Stone Age Man
10.000 lat temu
10,000 years ago

jaskinia
cave

krzemień
flint

obrazek na ścianie jaskini
cave painting

ogień
fire

starożytni Egipcjanie
Ancient Egyptians
5.000 lat temu
5,000 years ago

piramida
pyramid

faraon
Pharaoh

sfinks
sphinx

starożytni Rzymianie
Ancient Romans
2.000 lat temu
2,000 years ago

ceramika
pottery

monety
coins

żołnierz
soldier

W supersamie
At the Supermarket

wózek
trolley

koszyk na zakupy
basket

kasa
cash register

chleb
bread

słodka bułka
bun

dżem
jam

płatki zbożowe
cereal

ziemniaki
potatoes

kiełbaski
sausages

spaghetti
spaghetti

mleko
milk

jogurt
yoghurt

ser
cheese

jajka
eggs

jabłko
apple

banan
banana

pomarańcza
orange

pomidor
tomato

marchewka
carrot

sałata
lettuce

19

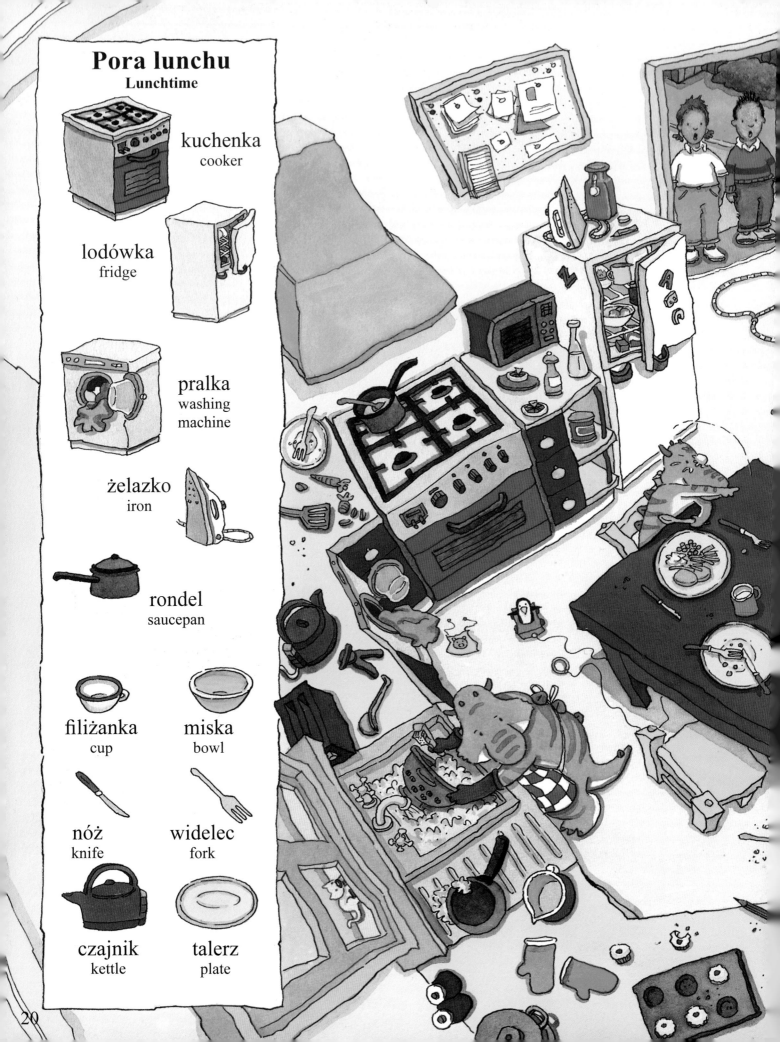

Pora lunchu
Lunchtime

kuchenka
cooker

lodówka
fridge

pralka
washing machine

żelazko
iron

rondel
saucepan

filiżanka
cup

miska
bowl

nóż
knife

widelec
fork

czajnik
kettle

talerz
plate

spodek do filiżanki
saucer

łyżka
spoon

krzesło
chair

imbryczek
teapot

poduszka
na kanapę
cushion

kanapa
sofa

zestaw stereo
stereo

stół
table

telewizor
television

odkurzacz
vacuum cleaner

Czas na zabawę!
Playtime!

domek lalek
doll's house

lalka
doll

gra
game

samochodzik wyścigowy
racing car

robot
robot

układanka
jigsaw puzzle

pluszowy miś
teddy

kolejka
train set

bęben
drum

gitara
guitar

keyboard
keyboard

mikrofon
microphone

trąbka
trumpet

flet prosty
recorder

talerze
cymbals

dzwonki
bells

tamburyn
tambourine

Na roli
On the Farm

koń
horse

kurczak
chicken

kogut
cock

kaczka
duck

gęś
goose

owca
sheep

koza
goat

świnia
pig

krowa
cow

24

traktor
tractor

strumyk
stream

mostek
bridge

pole
field

las
forest

siano
hay

góra
hill

strach na wróble
scarecrow

25

Nad morzem
At the Seaside

piłka
ball

wiaderko
bucket

łopatka
spade

leżak
deckchair

parasol słoneczny
umbrella

krem z filtrem przeciwsłonecznym
suncream/
(US) sunscreen

zjeżdzalnia
slide

huśtawka
see-saw

huśtawki
swings

statek
ship

latarnia morska
lighthouse

zamek z piasku
sandcastle

mewa
seagull

muszelka
shell

krab
crab

ośmiornica
octopus

rozgwiazda
starfish

wodorosty
seaweed

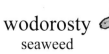

Zabawa urodzinowa
Birthday Party

kartka urodzinowa
birthday card

świeczka
candle

balon
balloon

prezent
present

serpentyna papierowa
streamer

piszczałka
party blower

czapka dekoracyjna
party hat

różdżka
wand

magik
magician

cukierki
sweets

kanapka
sandwich

pizza
pizza

lody
ice cream

czekolada
chocolate

ciasteczko
biscuit

słomka
straw

napój
drink

tort
cake

Zabawne zwierzęta
Amusing Animals

słoń
elephant

krokodyl
crocodile

żyrafa
giraffe

ryba
fish

hipopotam
hippopotamus

kangur
kangaroo

małpa
monkey

miś koala
koala

mysz
mouse

mors
walrus

papuga
parrot

pingwin
penguin

tygrys
tiger

zebra
zebra

panda
panda

nosorożec
rhinoceros

W łazience
In the Bathroom

sukienka
dress

kurtka
jacket

sweter
jumper/
(US) sweater

krótkie
spodenki
shorts

slipy
pants

koszula
shirt

buty
shoes

spódnica
skirt

skarpetki
socks

spodnie
trousers

koszulka
T-shirt

umywalka
basin

wanna
bath

ściereczka do mycia
flannel

lustro
mirror

prysznic
shower

mydło
soap

gąbka
sponge

ubikacja
toilet

papier toaletowy
toilet paper

szczoteczka do zębów
toothbrush

pasta do zębów
toothpaste

ręcznik
towel

Dobranoc!
Goodnight!

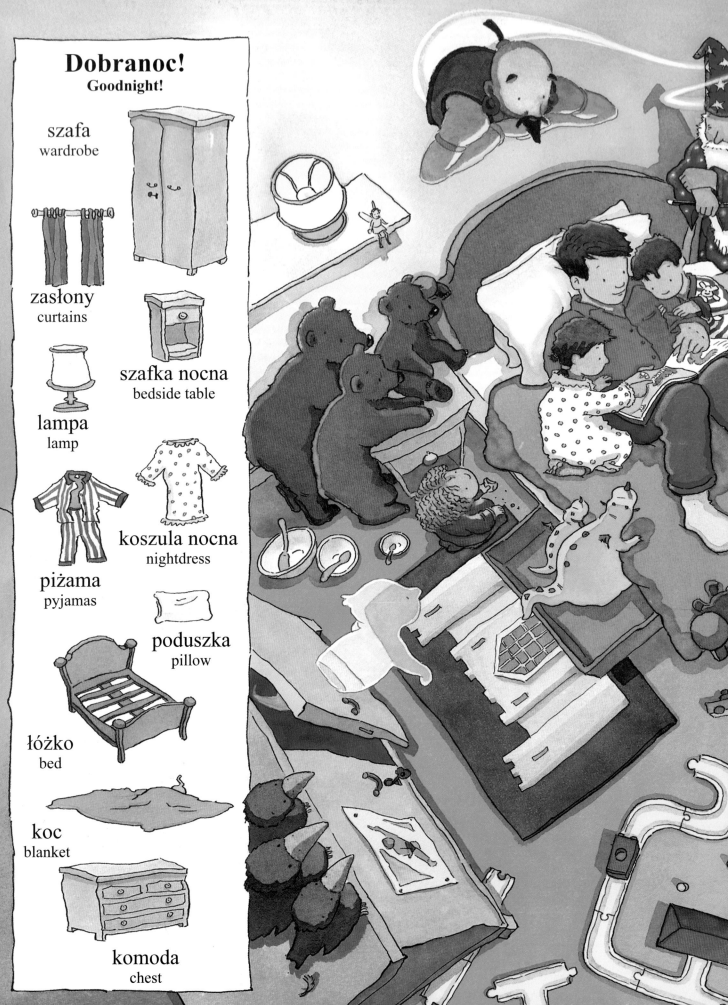

szafa
wardrobe

zasłony
curtains

szafka nocna
bedside table

lampa
lamp

koszula nocna
nightdress

piżama
pyjamas

poduszka
pillow

łóżko
bed

koc
blanket

komoda
chest

bajka
storybook

zamek
castle

król
king

królowa
queen

dżin
genie

magiczna
lampa
magic lamp

smok
dragon

olbrzym
giant

Mój słowniczek obrazkowy
My Picture Dictionary

Match the words with the pictures

mrówka
ant

jajo
egg

ryba
fish

dzwon
bell

helikopter
helicopter

pies
dog

żongler
juggler

król
king

królowa
queen

ośmiornica
octopus

furgon
van

biedronka
ladybird

marionetka
puppet

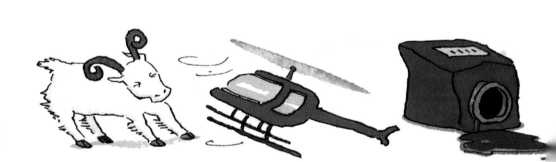

mysz
mouse

gwoździe
nails

gąsienica
caterpillar

parasol
umbrella

pierścionek
ring

żaglówka
yacht

zdjęcie rentgenowskie
X-ray

skarpetki
socks

tygrys
tiger

atrament
ink

zegarek
watch

zebra
zebra

koza
goat

Policz ze mną!
Count with Me! 123

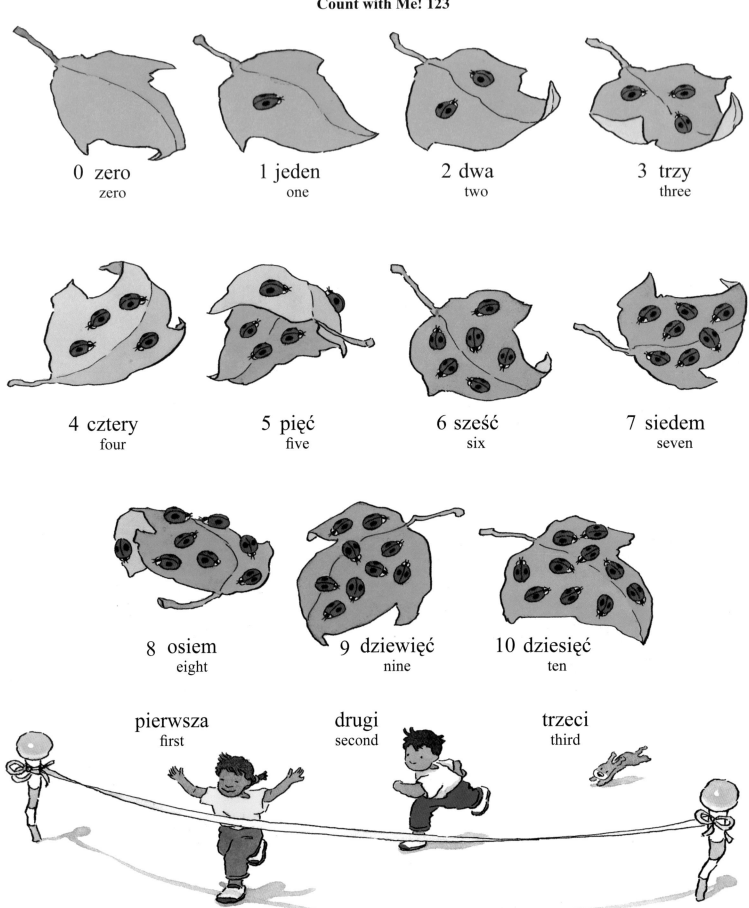

0 zero
zero

1 jeden
one

2 dwa
two

3 trzy
three

4 cztery
four

5 pięć
five

6 sześć
six

7 siedem
seven

8 osiem
eight

9 dziewięć
nine

10 dziesięć
ten

pierwsza
first

drugi
second

trzeci
third

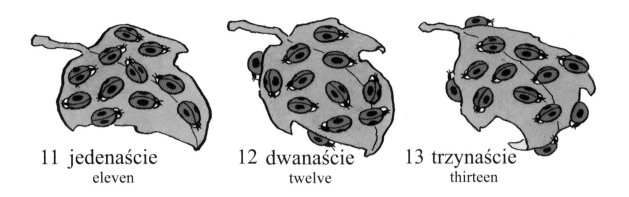

11 jedenaście
eleven

12 dwanaście
twelve

13 trzynaście
thirteen

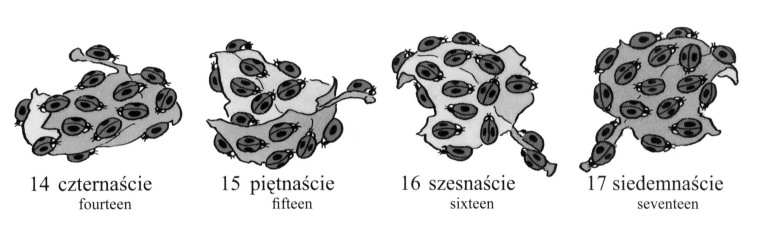

14 czternaście
fourteen

15 piętnaście
fifteen

16 szesnaście
sixteen

17 siedemnaście
seventeen

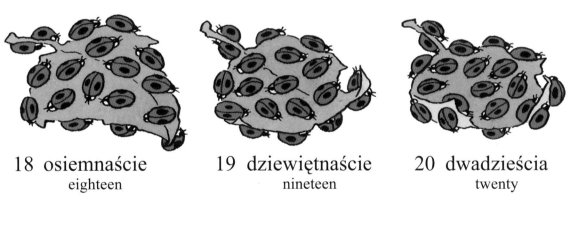

18 osiemnaście
eighteen

19 dziewiętnaście
nineteen

20 dwadzieścia
twenty

czwarty
fourth

piąty
fifth

ostatni
last

Wiele kształtów
Lots of Shapes

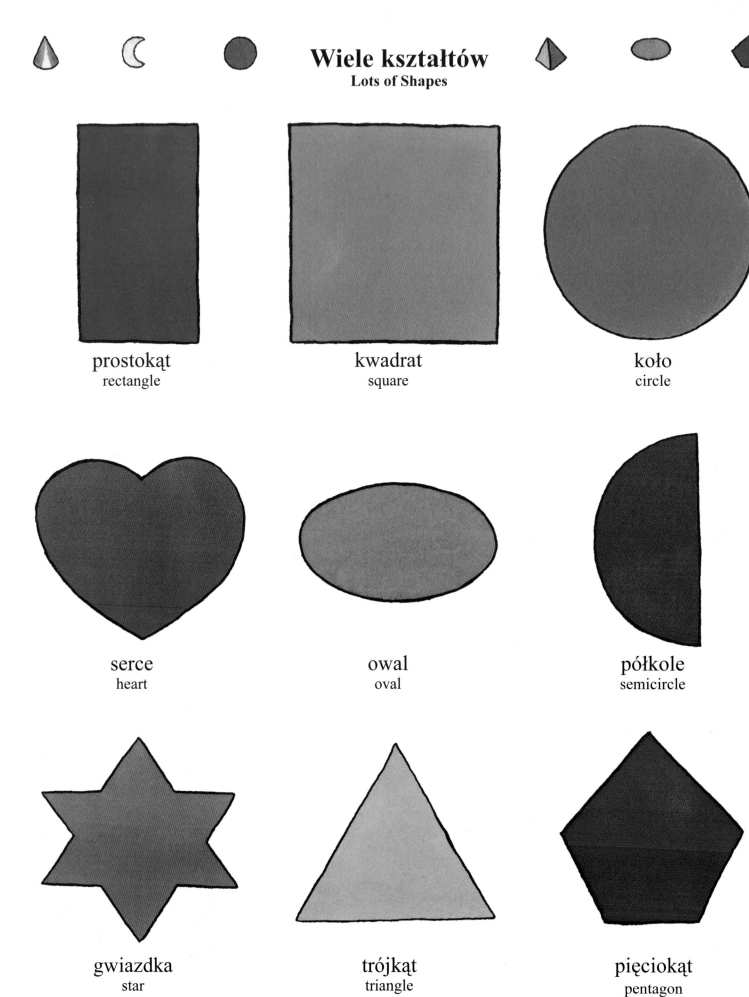

prostokąt
rectangle

kwadrat
square

koło
circle

serce
heart

owal
oval

półkole
semicircle

gwiazdka
star

trójkąt
triangle

pięciokąt
pentagon

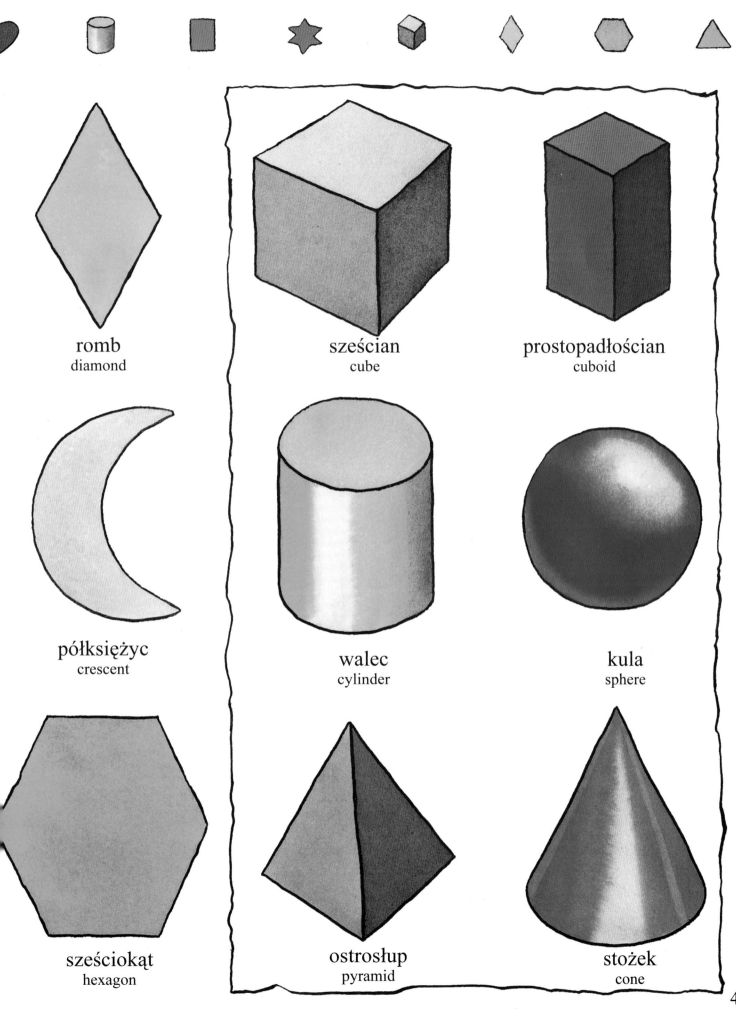

romb
diamond

sześcian
cube

prostopadłościan
cuboid

półksiężyc
crescent

walec
cylinder

kula
sphere

sześciokąt
hexagon

ostrosłup
pyramid

stożek
cone

41

Przeciwieństwa
Opposites

duży/ mały
big/small

czysty / brudny
clean/dirty

gruby / chudy
fat/thin

pełna / pusta
full/empty

wysoki / niski
high/low

gorąco/ zimno
hot/cold

nowy /stary
new/old

otwarta / zamknięta
open/closed

Jest ciemno/ jasno.
It's dark/light.

szybki/ wolny
fast/slow

szczęśliwy/ smutny
happy/sad

ciężkie/ lekkie
heavy/light

długa/ krótka
long/short

więcej/ mniej
more/less

te same/ różne
same/different

mokry/ suchy
wet/dry

Pogoda
Weather

Jest pochmurnie.
It's cloudy.

Świeci słońce.
It's sunny.

Pada (deszcz).
It's raining.

Pada śnieg.
It's snowing.

Wieje.
It's windy.

Jest mgła.
It's foggy.

44

ósma rano
eight o'clock

dziesiąta rano
ten o'clock

dwunasta godzina
twelve o'clock

druga godzina
two o'clock

czwarta godzina
four o'clock

szósta wieczorem
six o'clock

Index

present	28	stereo	21
puppet	37	storybook	35
purple	12	straw	29
pyjamas	34	stream	25
pyramid (Egypt)	17	streamer	28
pyramid (shape)	41	street	8
queen	35, 37	street lamp	8
rabbit	7	suncream	26
racing car	22	sunny	44
rainy	44	sunscreen	26
recorder	23	sweater	32
rectangle	40	sweets	29
red	12	swings	26
rhinoceros	31	table	21
ring	37	tambourine	23
robot	22	teapot	21
roof	6	teddy	22
ruler	11	teeth	5

S T U

sad	43	television	21
same	43	ten	38
sandcastle	27	thin	42
sandwich	29	third	38
saucepan	20	thirteen	39
saucer	21	three	38
sausages	18	tiger	31, 37
scarecrow	25	time	45
school	8	toe	4
school bag	10	toilet	33
scissors	13	toilet paper	33
seagull	27	tomato	19
seaweed	27	tongue	5
second	38	toothbrush	33
see-saw	26	toothpaste	33
semicircle	40	towel	33
seven	38	tractor	25
seventeen	39	traffic lights	8
sheep	24	train driver	15
shell	27	train set	22
ship	27	trashcan	6
shirt	32	tree	7
shoes	32	triangle	40
shop	8	Triceratops skeleton	16
short	43	trolley	18
shorts	32	trousers	32
shoulders	4	truck	9
shower	33	trumpet	23
six	38	T-shirt	32
sixteen	39	tummy	4
skirt	32	twelve	39
slide	26	twenty	39
slow	43	two	38
small	42	Tyrannosaurus Rex	16
snail	7	umbrella	26, 37
snowy	44		
soap	33	**V W**	
socks	32, 37	vacuum cleaner	21
sofa	21	van	37
soldier	17	vet	14
spade	26	walrus	31
spaghetti	18	wand	28
sphere	41	wardrobe	34
sphinx	17	washing machine	20
spider	7	watch	37
sponge	33	wet	43
spoon	21	white	12
square	40	window	6
stairs	6	windy	44
star	40		
starfish	27	**X Y Z**	
Stegosaurus	16	X-ray	37
		yacht	37
		yellow	12

yoghurt	19
zebra	31, 37
zebra crossing	8
zero	38
	38

POLISH:

A B C

astronauta (m)	15
atrament (m)	36
autobus (m)	9
bajka (f)	35
balon (m)	28
banan (m)	19
bęben (m)	23
biały	12
biedronka (f)	36
brama (f)	6
brązowy	12
brudny	42
brzuch (m)	4
budowniczy (m)	14
buty (m pl)	32
ceramika (f)	17
chleb (m)	18
chłopiec (m)	5
chodnik (m)	8
chudy (m)	42
ciasteczko	29
ciemno	43
ciężarówka (f)	9
ciężkie	43
cukierki (m pl)	29
czajnik (m)	20
czapka dekoracyjna (f)	28
czarny	12
czas (m)	45
czekolada (f)	29
czerwony	12
czternaście	39
cztery	38
czwarty	39
czysty	42

D F G

dach (m)	6
deszczowo	44
diplodok (m)	16
dinozaury (m pl)	16
długa	43
domek lalek (m)	22
drugi	38
drzewo (n)	7
drzwi (pl)	6
duży	42
dwa	38
dwadzieścia	39
dwanaście	39
dziesięć	38
dziewczynka (f)	5
dziewięć	38
dziewiętnaście	39
dzwon (m)	36
dzwonki (m pl)	23
dżem (m)	18
dżin (m)	35
faraon (m)	17
farby (f pl)	13
fartuszek (m)	13
filiżanka (f)	20
fioletowy	12
flamaster (m)	13

flet prosty (m)	23
furgon (m)	36
garaż (m)	6
gąbka (f)	33
gąsienica (f)	37
gęś (f)	24
gitara (f)	23
globus (m)	10
głowa (f)	4
gorąco	42
góra (f)	25
gra (f)	22
gruby	42
gwiazda pop (f)	15
gwiazdka (f)	40
gwoździe (m pl)	37

H I J K

helikopter (m)	9, 36
hipopotam (m)	30
huśtawki (pl)	26
huśtawka (na desce) (f)	26
imbryczek (m)	21
jabłko (n)	19
jajo (n)	36
jajka (n pl)	19
jaskinia (f)	17
jasno	4
jeden	38
jedenaście	39
język (m)	5
jogurt (m)	19
kaczka (f)	24
kanapa (f)	21
kanapka (f)	29
kangur (m)	30
karetka pogotowia (f)	9
kartka urodzinowa (f)	28
kasa (f)	18
keyboard (m)	23
kiełbaski (f pl)	18
kierowca autobusowy (m)	14
klatka piersiowa (f)	4
klawiatura (f)	11
klej (m)	13
koc (m)	34
kogut (m)	24
kolano (n)	4
kolejka (f)	22
koło (n)	40
komin (m)	6
komoda (f)	34
komputer (m)	11
koń (m)	24
kostka (f)	11
kosz na śmieci (m)	10
koszula (f)	32
koszula nocna (f)	34
koszulka (f)	32
koszyk na zakupy (m)	18
kościół (m)	8
kość (f)	16
kot (m)	7
koza (f)	24, 36
krab (m)	27
kreda (f)	10
krem z filtrem przeciwsłonecznym (m)	26
krokodyl (m)	30
krowa (f)	24
król (m)	35, 36
królik (m)	7

48